W0186667

Yves-Alexandre Thalmann

Petit cahier d'exercices des fabuleux pouvoirs de la générosité

Illustrations Jean Augagneur

jouvence éditions

PsychO pOsitive

Petit cahier

Sport cérébral du bien-être

Du même auteur et dans la même collection PETIT CAHIER

Petit cahier d'exercices de la psychologie positive, 2012

Petit cahier d'exercices de gratitude, 2012

Petit cahier d'exercices pour voir la vie en rose, 2010

Dans la même collection PETIT CAHIER

Petit cahier d'exercices de tendresse pour la Terre et l'Humain, **Pierre Rabhi & Anne van Stappen, 2012**
Petit cahier d'exercices de pleine conscience,
Ilios Kotsou, 2012
Petit cahier d'exercices des quatre accords toltèques,
Patrice Ras, 2012
Petit cahier d'exercices d'intelligence émotionnelle,
Ilios Kotsou, 2011
Petit cahier d'exercices de simplicité heureuse,
Alice Le Guiffant & Laurence Paré, 2011
Petit cahier d'exercices de Communication NonViolente,
Anne van Stappen, 2010
Petit cahier d'exercices pour cultiver sa joie de vivre au quotidien, **Anne van Stappen, 2010**
Petit cahier d'exercices de bienveillance envers soi-même,
Anne van Stappen, 2009

Catalogue gratuit sur simple demande

ÉDITIONS JOUVENCE
BP 90107 - 74161 Saint Julien en Genevois Cedex
Suisse: CP 184 - 1233 Genève-Bernex
Internet: www.editions-jouvence.com
Mail: info@editions-jouvence.com

ISBN 978-2-88911-386-6

Couverture et maquette intérieure:
Stéphanie Roze Éditions Jouvence
Mise en page: Interscript

La bonté, la générosité, l'altruisme… des valeurs désuètes? D'un âge révolu?

Au contraire, elles reviennent en force depuis que la psychologie positive, appelée aussi science du bonheur, a démontré que les personnes généreuses étaient plus heureuses que les autres.

Être généreux, ça contribue non seulement au bonheur des autres, mais ça nous rend effectivement plus heureux. Ce n'est pas pour rien que le mot bonheur commence par… bon!

Ce petit cahier regroupe un trésor d'idées pour développer votre générosité. Vous apprendrez qu'elle ne se résume pas à une pièce de monnaie consentie de temps à autre à un mendiant ou à quelques décilitres de sang donnés tous les cinq ans, mais qu'elle procède d'un véritable art de vivre.

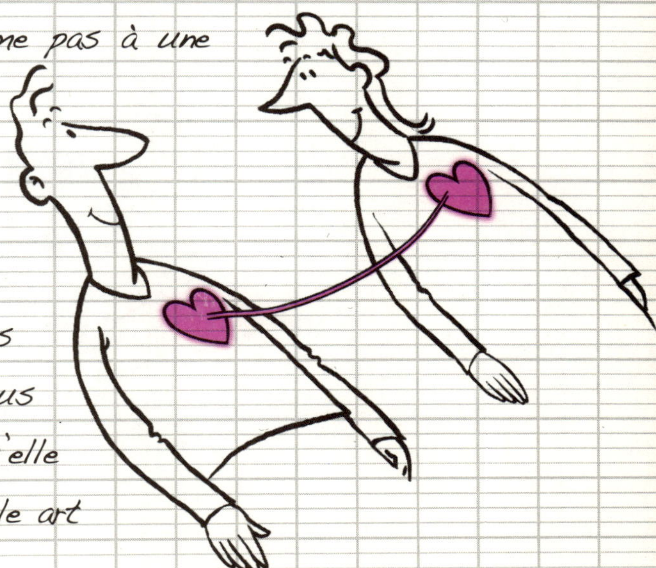

Les deux sandales

En Inde, les trains sont toujours bondés. Un jour, un passager qui était assis sur le toit d'un wagon perdit l'une de ses sandales, elle tomba le long de la voie. Aussitôt, il saisit sa deuxième sandale et la jeta en arrière.

Une personne assise à côté de lui s'en étonna.

L'homme lui répondit :

— Que veux-tu que je fasse d'une seule sandale ? Et si quelqu'un trouve celle qui est tombée, elle ne lui sera pas davantage utile. Autant trouver la paire !

ET SI C'ÉTAIT ÇA, LA GÉNÉROSITÉ ?

Bon et bête, ça commence par la même lettre... comme des milliers d'autres mots !

La bonté est encore souvent associée à la bêtise et à la naïveté... Dire de quelqu'un qu'il est gentil n'est généralement pas un compliment.

« Il est gentil... Tu sais, gentil, gentil... »

À vous de faire mentir le dicton !

Bon, ça commence par la même lettre que :

- **Bonheur** (évidemment !)
- Bienveillant
- Brave
- Bénévole
- ....
- ....
- ....
- ....
- ....

Pas question de morale ni de religion!

La générosité est préconisée par toutes les religions, quelles qu'elles soient! Elle prend alors la forme d'un impératif moral et adopte le nom de charité.

Charité:

- Amour de Dieu et du prochain, l'une des trois vertus théologales.
- Qualité qui porte à vouloir le bien d'autrui, la générosité.
- Acte de bonté, de générosité envers les pauvres, les déshérités.

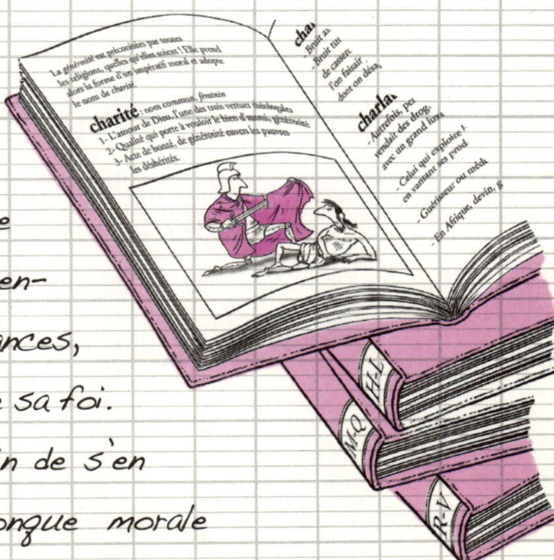

Pourtant, dans ce petit cahier, il ne sera question ni de morale ni de religion, car il s'adresse à tout le monde, indépendamment de ses croyances, de ses convictions et de sa foi.

Et d'ailleurs, nul besoin de s'en référer à une quelconque morale religieuse pour justifier la générosité.

De la logique et du bon sens suffisent.

Il s'agit moins de gagner sa place au paradis que de créer un paradis ici-bas.

Si l'on partage nos richesses avec les autres, plutôt que de les accumuler pour notre seul usage, on contribue à plus de justice sociale, donc à une société avec moins de tensions, moins de grèves, moins de violence. Une société plus agréable à vivre pour chacun, donc pour nous aussi. CQFD*

Si l'on vise l'intérêt général plutôt que le nôtre exclusivement, lorsqu'on conduit un véhicule, on évite de forcer les priorités et on laisse de la place aux autres usagers de la route. On prend ainsi un peu plus de temps pour effectuer les trajets, mais le trafic devient plus fluide (surtout si notre exemple fait des émules), et tout le monde en profite, y compris nous-mêmes. CQFD*

* Ce Qu'il Fallait Démontrer, abréviation utilisée dans les preuves mathématiques.

*Si l'on fait un peu plus que notre part des tâches ménagères, les autres deviennent moins stressés, l'ambiance plus détendue. Ils ont donc plus envie de rendre service à leur tour, ce qui profite à toute la famille. CQFD**

Notez ci-dessous votre propre définition de la générosité :

....

....

Le meilleur moyen de servir ses intérêts, c'est encore d'aider les autres à réaliser les leurs...

À vous d'imaginer une argumentation :

Si..

....

....

....

En visant le bien de tous, plutôt que le nôtre exclusivement, la générosité contribue à un monde meilleur, dont nous profitons aussi !

C'est quoi, au juste, la générosité?

Être généreux, c'est agir dans l'intérêt des autres et non pas dans son propre intérêt.

Être généreux, c'est agir de façon désintéressée.

Être généreux, c'est donner sans attendre en retour.

Mais attention! La vraie générosité résulte toujours d'un **LIBRE CHOIX.**

C'est pourquoi la générosité s'inscrit en continuité de l'affirmation de soi.

Générosité ou affirmation de soi, il n'y a pas à choisir !

Il arrive que les personnes qui cherchent à augmenter leur capacité d'affirmation de soi se détournent dans un premier temps de la générosité, pensant que les deux sont incompatibles, par exemple, lorsqu'elles apprennent à dire « non ». En réalité, non seulement l'un n'empêche pas l'autre, mais les deux valeurs sont indissociablement liées.

Petit rappel :

L'affirmation de soi se place entre deux extrêmes que sont la passivité et l'agressivité.

La **passivité**, c'est se laisser faire, s'effacer pour ne pas faire d'histoires, se sacrifier pour les autres, par peur de ne plus être apprécié ou par manque d'audace.

Valeur : Ne pas faire d'histoires.

Slogan : « Faites comme si je n'étais pas là ! »

Symbole : paillasson

L'**agressivité**, c'est chercher à obtenir par tous les moyens ce que l'on souhaite, quitte à recourir à la force et à la violence, au détriment des autres. C'est se centrer uniquement sur ses propres désirs, en les faisant passer au-dessus de ceux des autres.

Valeur : Arriver à ses fins quoi qu'il en coûte.

Slogan : « Moi d'abord, les autres, s'il en reste. »

Symbole : bulldozer

L'**affirmation de soi**, c'est viser la satisfaction des besoins de chacun, le respect des droits de chacun, dans une interaction gagnant-gagnant.

Valeur : le respect de chacun

Slogan : « Gagnant-gagnant »

Symbole : une poignée de main

L'arithmétique des relations

On peut résumer les styles de comportement par des signes arithmétiques :

+ désigne la satisfaction des besoins, des désirs et le respect des droits.

– désigne la non-satisfaction des besoins et des désirs, et le non-respect des droits.

Moi	L'autre	
−	+	Passivité : Je me sacrifie pour l'autre.
+	−	Agressivité : Je sacrifie l'autre pour être assouvi.
−	−	(Pas de nom spécifique) : Personne n'est respecté.
+	+	Affirmation de soi : Chacun est pris en considération.

L'affirmation de soi se soucie donc des autres. Sinon, ce n'est pas de l'affirmation de soi !

Comment réagissez-vous en étant dans cette situation?

À la caisse d'un magasin, quelqu'un passe devant vous.

Réaction **passive**: vous laissez faire sans rien dire, mais en pensant tout bas que les gens manquent vraiment de respect.

Réaction **agressive**: vous insultez le malappris; au besoin, vous l'empoignez pour lui apprendre les bonnes manières et le remettre à sa place.

Réaction **affirmée**: vous lui dites poliment: «J'étais là avant vous» en reprenant la place qui vous échoit.

N. B.: Ce ne sont pas les individus qui sont passifs ou agressifs, mais les comportements. Personne n'est toujours passif, agressif ou affirmé. Cela dépend des situations.

À vous maintenant :
Situation : au restaurant, on vous apporte un plat qui ne correspond pas à ce que vous avez commandé.

Réaction passive :

....

....

....

Réaction agressive :

....

....

....

Réaction affirmée :

....

....

....

Qu'en est-il des relations durables ?

Vaut-il mieux adopter une attitude passive, agressive ou affirmée pour soigner une relation à **long** terme ?

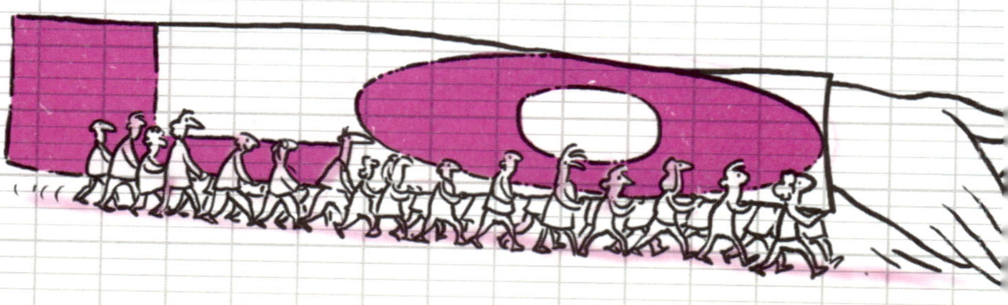

On exclut d'emblée l'agressivité : puisque l'autre n'est pas respecté, il finira par vouloir quitter la relation.

La passivité n'est pas plus avantageuse : certes, au début, cela permet d'éviter des conflits. L'autre est satisfait d'être avec quelqu'un qui se plie à ses désirs. Mais celui qui se sacrifie et n'obtient pas la pareille en retour finit par se sentir mal… et en vouloir à l'autre. Le plaisir d'être en relation disparaît graduellement. C'est donc un mauvais calcul (à l'image de celui qui se nourrit avec des aliments qui font plaisir momentanément, mais qui nuisent à la santé).

Se laisser marcher dessus est le meilleur moyen de dégrader la relation et, tôt ou tard, on finit par le faire payer à l'autre. Bonjour l'agressivité !

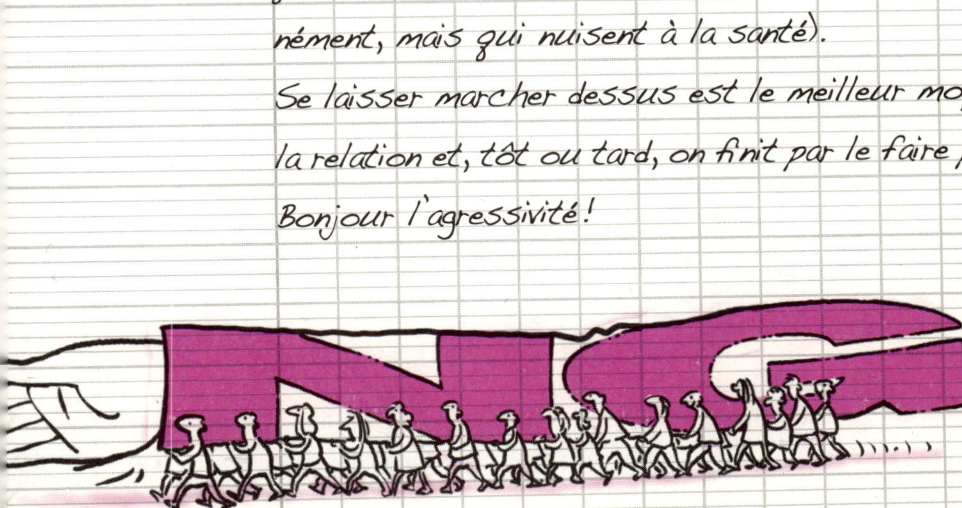

S'affirmer est le meilleur moyen de prendre soin des relations humaines, et ce, dans une optique à long terme.

La générosité, c'est... se soucier de la qualité des relations.

La générosité s'exprime dans la façon d'être en relation avec les autres. Elle cherche à rendre les relations agréables et enrichissantes plutôt que d'essayer d'obtenir à tout prix ce qui est souhaité par l'autre.

Être généreux, c'est

renoncer à la pression.

« Allez, tu peux bien me rendre ce petit service... Ce ne sera pas long... »

Être généreux, c'est

renoncer au chantage.

« Si tu ne m'aides pas, ne compte plus sur moi à l'avenir ! »

Être généreux, c'est

renoncer à la manipulation.

« Toi qui es tellement doué en informatique... Comment t'y prendrais-tu pour... »

Être généreux, c'est

renoncer au jeu de la victime.

« Oh, c'est tellement dur d'être seul, sans personne qui vienne vous trouver... »

À quel comportement nocif pour les relations pourriez-vous renoncer par générosité ?

- Bouder
- ....
- ....
- ....
- ....
- ....
- ....
- ....
- ....
- ....
- ....
- ....

Déclinaison sur un thème connu

Cessez d'être gentil, soyez vrai ! est le titre d'un best-seller écrit par Thomas d'Ansembourg et qui traite de communication non violente (nous vous le recommandons par ailleurs).

Pourtant, le titre induit en erreur : il n'y a pas à choisir entre l'authenticité et la gentillesse. Les deux se marient à merveille !

À vous d'imaginer d'autres titres pour le nouveau best-seller, celui de la générosité :

Soyez gentil, sans cesser d'être vrai !

SOYEZ VRAIMENT GENTIL!

Être gentil, c'est être vrai !

....

....

....

....

....

....

La générosité, c'est… choisir librement d'être généreux

La générosité procède de décisions **libres** : donner pour le plaisir de donner, non pas pour les bénéfices escomptés en retour.

Donner **pour le plaisir**, et non pas :

Donner par **culpabilité** : si je ne donne pas, je me sens coupable, par exemple une pièce de monnaie à un mendiant que j'ai rencontré.

Donner pour **apaiser sa conscience** : si je ne donne pas, j'ai du mal à supporter le malaise suscité par la vision de la détresse d'autrui.

Donner par **intérêt** : si je ne donne pas, je ne bénéficierai pas de faveurs en retour.

Donner par **obligation morale** : si je ne donne pas, je ne me considère plus comme un bon chrétien, un bon musulman, un bon bouddhiste, etc.

Donner sous la **pression** : si je ne donne pas, je suis mal considéré par les autres, par exemple mettre un billet dans l'enveloppe qui circule au bureau pour l'anniversaire d'une personne que je ne connais même pas.

Donner par **manque d'affirmation de soi** : je donne parce que je n'ose pas refuser, par exemple à un démarcheur de rue qui m'oblige à contribuer à une bonne oeuvre.

À vous d'indiquer des situations dans lesquelles vous avez effectivement donné, mais pas par libre choix.

- ....
- ....
- ....

D'après les psychologues, il y aurait seulement 15% de véritables altruistes, aidant pour le seul plaisir d'aider, sans aucun intérêt personnel, ne visant même pas le sentiment de fierté d'avoir aidé.

Savez-vous comment on les reconnaît ?
Les véritables optimistes se réjouissent également si quelqu'un d'autre offre son aide dans une situation le nécessitant. Pour eux, ce qui compte, c'est le résultat !

Il en va de la générosité comme de la non-violence : Le **choix** de ne pas réagir par la violence est plus convaincant lorsque mis en pratique par un grand méchant que par un frêle vieillard qui, de toute façon, ne pourrait pas utiliser ses poings pour se défendre.
C'est pour cela que la vraie générosité procède de l'affirmation de soi.

Ne visez pas la perfection !

À tout choisir, mieux vaut un acte de générosité qui résulte de motivations non totalement altruistes que aucun acte de générosité !

Le mendiant qui reçoit une pièce de monnaie n'en a que faire des raisons qui ont poussé le donateur !

Ne renoncez pas aux élans de **GÉNÉROSITÉ** qui vous animent... Le plus petit compte toujours !

Ne ménageons pas nos efforts pour contribuer à **UN MONDE PLUS BEAU**, car chaque geste compte !

«Nous pataugions jusqu'à mi-genoux dans le ressac pour contourner une pointe rocheuse. Elle respira profondément et je pensais qu'elle allait me dire quelque chose. Mais Mama Chia réagissait en fait à l'une des plus tristes et des plus étranges visions que j'aie jamais contemplées: des millions d'étoiles de mer, rejetées par la récente tempête, recouvraient la plage. De belles étoiles à cinq branches, roses et or, gisaient sous le chaud soleil, séchant et mourant.

Je m'arrêtai net, pris d'horreur devant ce gigantesque cimetière marin. J'avais lu des choses sur les baleines et les dauphins échoués, mais je n'en avais jamais vus. Maintenant, face à des milliers de créatures en train de mourir, je me sentais paralysé et impuissant. Mama Chia, pourtant, n'épargnant pas le moindre de ses pas claudicants, s'avança jusqu'à une étoile de mer toute proche, se pencha, la prit, alla jusqu'au bord du rivage et la remit dans l'eau. Elle revint ensuite, prit une autre petite étoile de mer et la rendit à son élément.

Accablé par le nombre incalculable d'étoiles de mer, je dis:

— Mama Chia, il y en a tant. Quelle différence cela peut-il faire?

Elle me regarda en se baissant pour replacer une autre étoile dans la mer.

— Cela fait une différence pour celle-ci, répondit-elle.»

Dan Millman, *Le voyage sacré du guerrier pacifique*

Acte de générosité gratuit

Donnez un billet de 10, 20 ou 50 euros (selon vos moyens) à quelqu'un avec la seule consigne: «Fais-toi plaisir avec cet argent! Je ne souhaite même pas savoir ce que tu achèteras, j'aimerais juste que tu consacres cette somme à te faire plaisir.»

À qui allez-vous donner cette somme?

....

....

....

....

Une fois le don accompli: comment vous sentez-vous?

....

....

....

....

N. B.: Vous êtes également *quelqu'un!*
Si vous receviez cette somme, comment la dépenseriez-vous?

....

....

La générosité, c'est...
pratiquer les caresses invisibles

Les caresses ne sont pas uniquement physiques. Tout geste symbolique visant le plaisir d'autrui peut être qualifié de caresse.

Une caresse invisible est le renoncement à un reproche ou une critique. Invisible, parce que le destinataire ne se rend même pas compte d'avoir reçu la caresse. Mais l'effet positif est indéniable...

Par exemple:

- Ne pas faire le reproche à son conjoint d'avoir oublié de tirer la chasse d'eau au W.-C. et le faire à sa place.
- Ne pas critiquer son collègue de ne pas avoir vidé la corbeille à papier, mais le faire à sa place.
- Ne pas faire des remontrances à son voisin pour avoir laissé des feuilles mortes voler sur sa propriété, mais les balayer soi-même en silence.

Rappel important : la caresse invisible est un acte de générosité **délibéré**. Il ne doit pas conduire à la passivité. Si un changement est attendu de la part de l'autre, il est indispensable d'en parler avec lui... sans pour autant lui faire des reproches (les demandes sont plus efficaces pour obtenir un changement de comportement que les reproches et les critiques).

Quelles caresses invisibles pourriez-vous offrir :

À votre conjoint ?

....

....

À vos enfants ?

....

....

À vos collègues ?

....

....

Donner...

Biffez toutes les expressions contenant le verbe donner qui ne procède pas de la générosité.

Donner un coup de main

Donner du temps

Donner de sa personne

Donner du volume

Donner de soi

Donner la main

Donner sa tête à couper

Se donner corps et âme

Donner des gaz

Donner un coup

Donner des ailes

Donner corps

Donner libre cours

Donner le ton

Donner la vie

Donner le la

La générosité, c'est... conduire avec courtoisie

La générosité consiste à viser un intérêt plus large que le sien uniquement. Cela s'applique à merveille à la circulation routière, où le comportement de chacun détermine la fluidité générale du trafic.

> **Rappelez-vous : vous n'êtes jamais dans un embouteillage,**
> **vous êtes une partie de l'embouteillage !**

Comment pourriez-vous, par générosité, faire passer l'intérêt de tous les usagers de la route avant le vôtre ?

- Laisser entrer un automobiliste dans la circulation, même si je dispose de la priorité.
- M'abstenir d'un coup de klaxon ou d'une insulte (tiens, cela ressemble à une caresse invisible !)
- Pratiquer la philosophie de la fermeture éclair aux abords des ronds-points, plutôt que forcer le passage (à la queue leu leu...).

- Laisser un espace conséquent avec le véhicule précédent plutôt que de le « coller ».

- Respecter les consignes de stationnement, en particulier ne pas recharger le parcomètre afin de laisser la place pour d'autres automobilistes.

- Faire particulièrement attention aux deux-roues, en particulier leur laisser la place nécessaire.

Comment pourriez-vous conduire avec plus de générosité ?

....

....

Qu'allez-vous mettre en application dès aujourd'hui ?

....

....

Priorité à la courtoisie !

Donner et recevoir : un couple indissociable

Donner, c'est mieux que recevoir, entend-on parfois.

Pour sûr, le gars qui a imaginé ce slogan était boxeur.

Dans la vie quotidienne, ce couple est **indissociable** : si vous donnez à quelqu'un qui refuse de recevoir, vous n'avez rien donné !

À qui appartient un cadeau que le destinataire refuse ?

Comment pourriez-vous entraîner votre capacité à... recevoir ?

Recevoir un compliment : « Merci, cela me touche. »

Plutôt que : « Non, ce n'est rien... »

Si vous ne montrez pas de plaisir aux compliments, que vous les minimisez, vous envoyez aux autres le signal de ne pas continuer : vous en recevrez de moins en moins, laissant au final votre besoin de reconnaissance en souffrance.

Recevoir un cadeau : « Merci, cela me fait plaisir. »

Plutôt que : « Il ne fallait pas... »

Façon de gâcher le plaisir de ceux qui offrent et de les inciter à ne plus rien vous donner.

Recevoir de l'aide : « Merci beaucoup »

Plutôt que : « Ne vous dérangez pas pour moi... »

Façon de démotiver ceux qui tentent de vous donner un coup de main...

À vous :

Recevoir ....

Recevoir ....

Être GÉNÉREUX, c'est aussi savoir recevoir.

La générosité, c'est... donner plus

Toutes les sociétés humaines sont organisées autour du troc. Comme personne ne sait tout faire, on échange le fruit de nos compétences avec celui des autres: je sais pêcher, mais je ne sais pas cuire du pain, etc.

Toutes les sociétés humaines connaissent aussi la règle de réciprocité: un service gratuit appelle un service gratuit, un coup de main sera retourné, etc. «Tu m'as aidé à déménager, je t'aiderai lorsque tu déménageras à ton tour.»

Ce système de troc et d'échange permet d'assurer le fonctionnement d'une société. Mais pas son fonctionnement OPTIMAL! Car ceux qui n'ont rien à donner ne peuvent pas recevoir, puisque pour recevoir, il faut pouvoir donner.

C'est ainsi que les plus démunis sont destinés à devenir encore plus pauvres...
C'est ce qui permet l'exploitation des plus pauvres par les plus riches. Ces derniers deviennent de plus en plus riches. Ils peuvent se permettre d'abuser des plus pauvres en toute impunité!
À votre avis, qu'est-ce qui peut justifier des salaires astronomiques? Chez les membres des conseils de direction, chez les politiciens, chez les vedettes du show business, chez les sportifs d'élite (footballeurs, tennismen, pilotes de formule 1, etc.)?
Est-il acceptable qu'un manager gagne en une année ce qu'une caissière de supermarché ne pourrait accumuler en mille vies?

C'est inadmissible! Un point c'est tout.

D'après vous, quelle devrait être la différence maximale de salaire autorisée entre le plus riche et le plus pauvre d'une même société?

....

....

....

....

....

....

....

L'argent ne se crée pas: c'est une monnaie d'échange. En avoir une quantité énorme signifie forcément que d'autres en sont dépourvus! Il n'y a pas de miracle.

À bien y réfléchir, il peut y avoir un miracle: donner!

Donner de notre superflu à ceux qui manquent du nécessaire.

Tout le monde sera gagnant d'une plus grande justice sociale:

Il y aura moins de violence

moins de guerres

moins d'épidémies

À vous de compléter !

moins de ....

moins de ....

moins de ....

« Travailler plus pour gagner plus » est un slogan amenant forcément à plus d'injustices : sur une planète aux ressources limitées, c'est la catastrophe assurée !

Partager mieux le travail pour vivre mieux, voilà qui est porteur d'un monde plus agréable à vivre.

Et pourquoi pas : **Donner plus pour vivre mieux.**

Car donner (gratuitement), c'est ajouter une plus-value au système commercial et mercantile.

Comment pourriez-vous donner plus dans le cadre de votre travail ?

- Ne pas facturer au client un petit service supplémentaire.
- Faire les mêmes tâches, mais avec le sourire.
- ....
- ....
- ....
- ....

La seule croissance durable possible, c'est celle rendue possible par la générosité !

N. B. : Ne comptez pas sur des lois promouvant la générosité pour instaurer un changement social. Ce serait voué à l'échec, comme le communisme imposé de force s'est révélé un échec désastreux. Seule une conversion personnelle peut y mener. Et elle commence par chacun d'entre nous !

Ah, l'argent !

L'argent est trop souvent recherché pour lui-même. On en fait un symbole de sécurité, de richesse et de succès. Force est de constater que l'argent peut nuire à la générosité ! On cherche alors à l'accumuler plutôt qu'à le faire circuler.

Et si vous faisiez de votre argent le vecteur de votre générosité ?

Pensez-y : ce n'est pas parce que vous payez un service que vous pouvez vous permettre d'être désagréable, de considérer que cela est un dû ! Vous faites simplement un troc.

Soyez généreux de vos remerciements, de vos félicitations… et de vos **pourboires**.

Vendeur de plage... avec panache !

Les plages touristiques sont habituellement l'espace de travail de nombreux vendeurs ambulants. Il y a tous les genres : les dépressifs usés, le pas lourd et fatigué, dont on ne comprend pas un mot à leur baratin ; les collants qui jettent leur dévolu sur vous et ne vous lâchent plus ; ceux qui essaient de faire naître votre pitié ; ceux qui n'ont d'autre but que de vous escroquer ; et tous les autres.

Sur la Barcelonetta, la plage de Barcelone, il y avait un vendeur de beignets un peu particulier. Non qu'il fût le seul à vendre ces pâtisseries, mais on l'entendait de loin, car il chantait, en même temps qu'il dansait, son plateau en équilibre sur sa tête. Son tour de force consistait à s'asseoir à côté du client en continuant à chanter, sans toucher son plateau avec les mains.

Inutile de dire qu'il avait un succès fou !

Simple argument publicitaire destiné à vendre plus? Peut-être... Mais il était incontestablement généreux.

Pourquoi?

Les autres touristes, qui n'achetaient pas ses beignets, profitaient aussi et gratuitement du spectacle. Beaucoup en avaient le sourire aux lèvres.

De plus, ce vendeur donnait une plus-value à son métier. Ce faisant, chaque nouvelle journée représentait un défi à ses yeux. Il y trouvait du plaisir, là où d'autres se contentaient d'un gagne-pain. Il n'avait pas forcément de meilleures ventes à la fin de la journée, mais il avait passé une meilleure journée, en tout cas.

Donner plus... pour gagner plus?

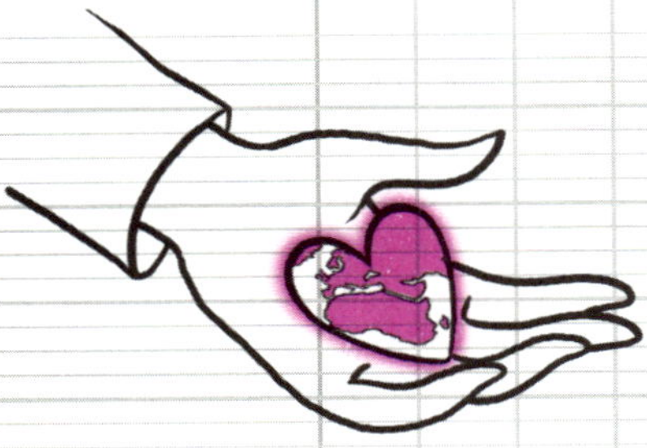

La générosité, c'est... penser global

Viser le meilleur prix, c'est trop souvent faire payer (une fois de plus) les plus démunis. À l'autre bout de la planète, mondialisation oblige!

Pensez-y: les casseurs de prix **ne cassent pas que les prix!**

Comment pourriez-vous exercer votre générosité sociale?

- Acheter local, quitte à *payer plus cher*, pour promouvoir le commerce de proximité et court-circuiter les grands distributeurs.
- Acheter des produits issus du commerce équitable, quitte à *payer plus cher* (par exemple, le label Max Havelaar).
- Acheter bio, pour contribuer à la sauvegarde de l'environnement en réduisant la quantité de produits chimiques déversés dans la nature.
- ....
....
....
- ....
....
....
- ....
....
....

Payer plus n'est peut-être pas dans votre intérêt immédiat, mais cela contribue à bâtir un monde meilleur! C'est aussi cela, la générosité.

La générosité, c'est...
en laisser pour les autres

Dans quel état allez-vous confier à vos enfants la planète que vous ont laissée en héritage tous vos ancêtres?

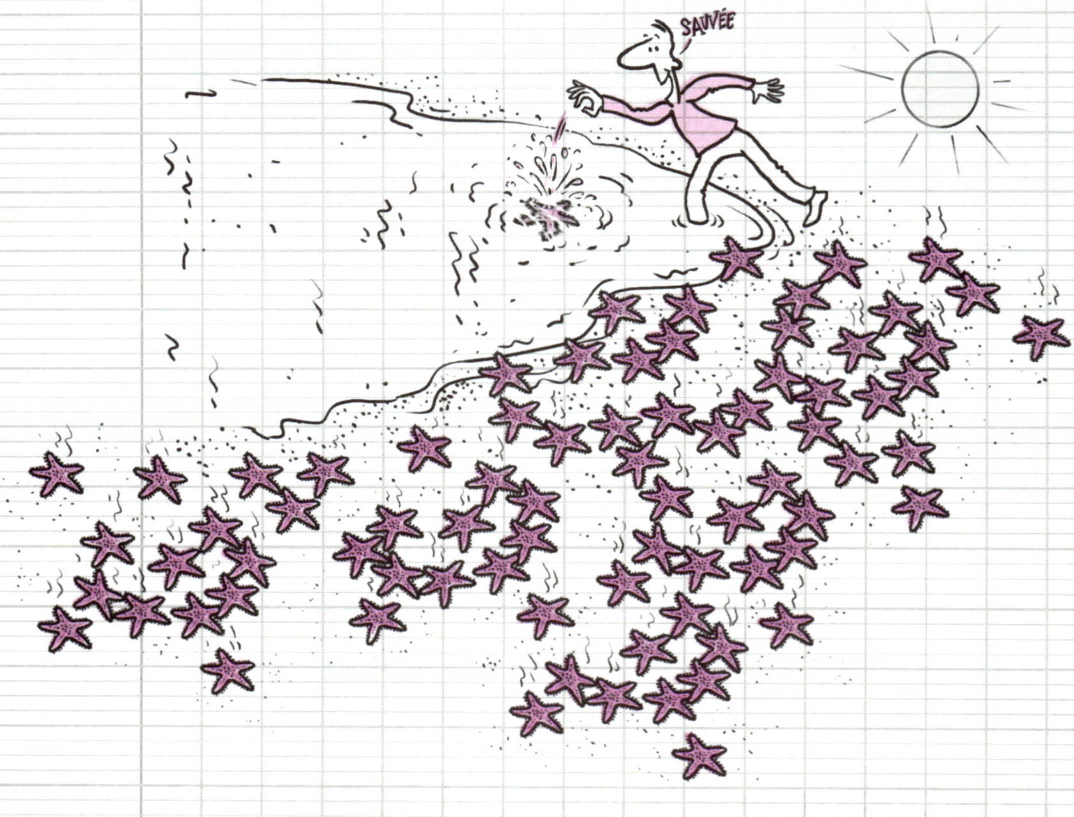

La générosité, c'est... emprunter plutôt que prendre.

Rappelez-vous que vous n'emporterez rien avec vous lors de votre dernier voyage: Tout vous a été prêté pour une durée limitée...

Comment pourriez-vous exercer votre générosité écologique ?

Par exemple, en diminuant votre *empreinte écologique* : renoncer à certains trajets en voiture, utiliser les transports en commun, favoriser les énergies renouvelables, privilégier les appareils à faible consommation énergétique (A++).

- ....

....

- ....

....

- ....

....

Avez-vous pensé à exercer votre générosité envers l'environnement ? Par exemple, à ramasser les déchets que vous rencontrez sur votre chemin ! D'accord, ce n'est pas vous qui les avez jetés... Mais qui d'autre que vous pourrait les ramasser ? L'environnement n'a d'autres bras que les vôtres.

Être généreux, c'est aussi consommer avec modération et sobriété.

Des études scientifiques ont établi que l'on trouvait meilleurs des aliments présents en petites quantités. Acheter / préparer moins, c'est savourer davantage, c'est apprécier davantage !

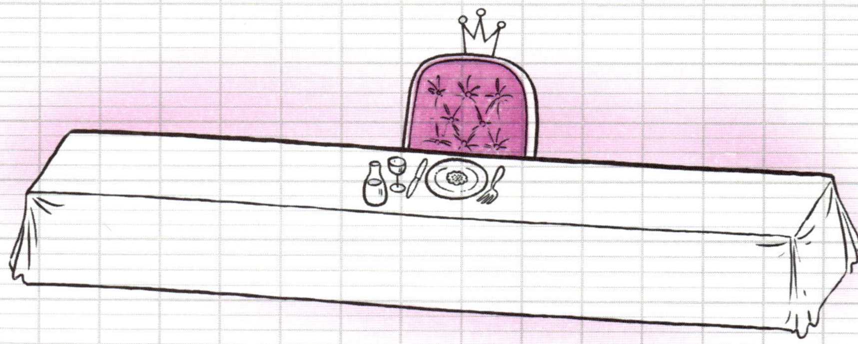

Pensez à ce qui se passe dans un restaurant qui sert des plats à discrétion (l'expression à gogo est aussi utilisée, et pour cause!) Pour réaliser une bonne affaire, les clients s'empiffrent au maximum, sans rapport avec leur faim réelle. Ils apprécient moins la nourriture qu'ils ingurgitent et finissent même par se sentir mal d'avoir l'estomac aussi chargé.

Que pourriez-vous modifier dans vos habitudes alimentaires pour exercer votre générosité à l'égard de la planète ?

Manger moins de viande qui est, à son tour, une grande consommatrice de ressources: pour produire un kilo de viande, il faut plus de dix à quinze fois son poids en céréales. Faites le calcul pour savoir combien de personnes de plus pourraient être nourries grâce à votre modération!

Calculs arithmétiques: En réduisant ma consommation de viande de moitié:

Consommation annuelle de viande / 2 x 15 = kilos de céréales supplémentaires.

Kilos de céréales supplémentaires x 5 / 365 = nombres de personnes bénéficiant d'un repas supplémentaire quotidien durant une année.

***On ne mange pas ses amis !** Consommer de la viande passe toujours par une mise à mort ! La générosité, c'est aussi laisser la vie aux animaux. « La plupart des gens estiment que le droit à la vie des poulets et des porcs s'arrête devant notre assiette. »*

Luca Cavalli-Sforza

La générosité, c'est aussi ne pas nuire à d'autres espèces !

Faire en sorte d'acheter le strict nécessaire, afin de ne rien jeter. Comment peut-on jeter de la nourriture alors qu'autant de personnes souffrent de la faim sur la planète ?

La générosité, c'est... savoir partager

«L'amour est la seule chose qui double à chaque fois qu'on le partage.» Albert Schweitzer

Désolé, cher Albert, mais c'est faux: la générosité, aussi, double lorsqu'on la partage...

La générosité, c'est… savoir rendre

Chaque acte de bonté reçu devrait être rendu avec une plus-value. Non pas à ceux qui nous l'ont accordé, auquel cas il s'agirait uniquement de troc, mais à d'autres, avec un effet démultiplicatif.

Mot d'ordre : Ne jamais garder pour soi un acte généreux, mais le rendre (au moins) AU TRIPLE !

Fixez-vous comme règle :

Chaque acte de bonté reçu donne lieu à trois actes de bonté donnés.

Et n'oubliez pas les arriérés ! Le compte débiteur est déjà lourdement rempli lorsque nous arrivons à l'âge adulte, si l'on compte tout ce que nos parents et nos instituteurs nous ont donné !

Qu'est-ce que vos parents vous ont donné, au-delà des soins qu'ils étaient censés vous donner?

- ....
- ....
- ....
- ....
- ....
- ....
- ....
- ....
- ....
- ....
- ....
- ....
- ....
- ....
- ....
- ....

La générosité, c'est... donner du temps

Comment voyez-vous le temps?

Comme une quantité qui s'amenuise?

Ou comme les Anciens?

Vulnerant omnes, ultima necat

Toutes les heures blessent, la dernière tue.

Irreparabile fugit tempus

Le temps fuit irrésistiblement.

Ou encore, comme un financier?

Il faut gagner du temps, investir le temps, ne pas perdre de temps.

À moins que vous aimiez tuer le temps ?

Quelle est votre vision du temps ?

*D'ailleurs, peut-on réellement **perdre** du temps ?*

Et si vous décidiez de voir le temps plutôt comme une qualité ?

Comment, dès lors, rendre le temps plus riche de votre générosité ?

- En offrant de sa présence à autrui…
- En restant auprès de personnes esseulées…
- En prenant le temps d'une explication, d'un jeu avec un enfant…
- ....

  ....
- ....

  ....
- ....

  ....

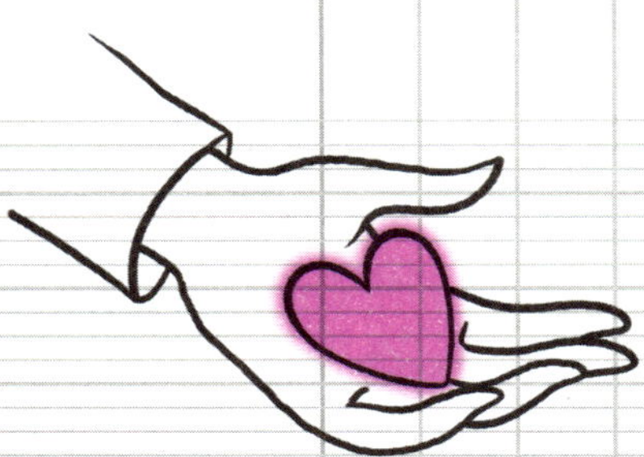

La générosité, c'est... renoncer à faire payer !

Effacer une dette, voilà un bel acte de générosité !

À qui pourriez-vous effacer l'ardoise?

Nom	Raison	Date de la dette

Oups ! Pas si vite. Comme nous sommes généreux, nous n'oublions pas le deuxième sens de l'expression *faire payer* : se venger.

Envers qui pourriez-vous décidez de renoncer à vous venger ?

Nom	Raison	Date de la dette

Être généreux, c'est aussi savoir pardonner.

(Donner et pardonner sont de proches cousins.)

Généromètre

Classez les personnages de bande dessinée ci-dessous en fonction de leur générosité sur le généromètre suivant:.

Vous pouvez aussi essayer avec des hommes politiques: Gandhi, Martin Luther King, Barak Obama, George Bush Junior, Nicolas Sarkozy, Silvio Berlusconi, Vladimir Poutine, etc.

La générosité, c'est... partager ses connaissances

Soyez généreux de vos connaissances.

Lors d'une remise de baccalauréats, un directeur de l'établissement fit un discours dont l'idée principale était :

« Ne vous croyez pas plus malins. On vous a simplement donné plus, mais on vous demandera plus. À vous de rendre à la société ce qu'elle vous a donné. »

Pensez-y : Une connaissance non partagée est une connaissance morte.

Une connaissance, c'est un peu comme un **parasite** : elle a besoin de vous pour exister !

Comment pourriez-vous partager vos connaissances ?

- Apprendre à quelqu'un à cuisiner un plat que vous réussissez particulièrement bien.
- Apprendre à quelqu'un à lire.
- Écrire un *Petit Cahier d'Exercices* personnel et l'offrir.
- ....
- ....

La générosité, c'est... un paradoxe !

Vous voici au terme de ce Petit Cahier, rempli de motivations à vous comporter de manière généreuse à l'avenir.

Il y a cependant une information cruciale sur la générosité que nous n'avons pas encore abordée :

Les actes de générosité procurent des sentiments agréables et une bonne image d'eux-mêmes à ceux qui les pratiquent : cela fait du bien d'être bon !

Imaginez que le Créateur (rassurez-vous, il ne sera toujours pas question de religion ni de morale !) ait voulu compliquer les choses et qu'il ait programmé notre cerveau à ressentir une émotion désagréable, du genre de la culpabilité ou de la honte, à chaque acte de générosité commis.

Pensez-vous qu'il y aurait encore beaucoup de personnes s'adonnant à la générosité ?

Force est d'admettre que celui qui est généreux se fait du bien à lui-même **également**. Pour preuve, repensez à trois actes de générosité gratuite que vous avez réalisés dernièrement.

Comment vous sentez-vous à cet instant? Cochez les sentiments qui vous animent:

Déprimé ☐	Encouragé ☐	Optimiste ☐
Heureux ☐	Dépité ☐	Coupable ☐
Joyeux ☐	Plein d'énergie ☐	Pessimiste ☐
Motivé ☐	Effrayé ☐	Envieux ☐

De fait, la psychologie positive a établi (grâce à des expériences scientifiques) que les personnes qui se montrent généreuses voient leur bonheur augmenter. Pas une petite joie superficielle et vite passée, mais un bonheur profond, authentique et durable, ainsi que l'affirme Tal Ben-Shahar, professeur de psychologie positive à Harvard:

« Celui qui contribue au bien-être d'autrui en tire tant de bénéfice personnel que, à mes yeux, il n'y a pas plus égoïste qu'un geste généreux. La récompense de la générosité comme mode de fonctionnement se manifeste non sous forme de réussite matérielle, mais nous en percevons invariablement les dividendes sous forme de capital suprême »*, c'est-à-dire de bonheur.

Quel paradoxe! Faire le bien autour de soi contribue également à se faire du bien à soi. La générosité et le don gratuit sont donc d'excellents dynamisants de bonheur...

* Tal Ben-Shahar, *Apprendre à être heureux*, Belfond, 2010, p. 90.

La **GÉNÉROSITÉ**, c'est... là où l'égoïsme et l'altruisme se rejoignent et leurs distinctions se dissolvent pour ne laisser subsister que du bonheur.

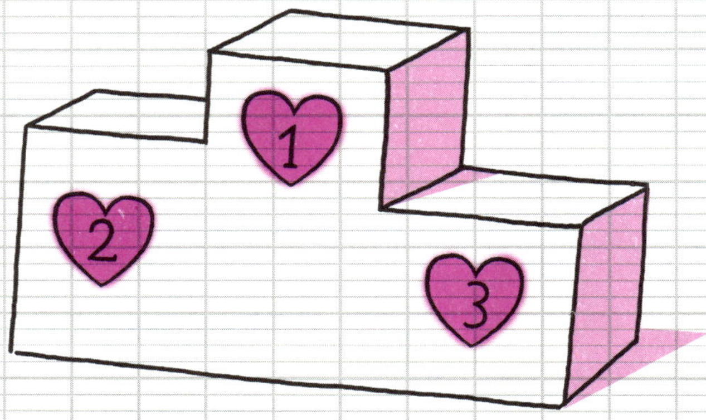

Champion de la générosité !

Avant de refermer ce cahier, fixez-vous des objectifs de générosité, à la manière des scouts qui s'efforcent de concrétiser au moins une BA (Bonne Action) quotidienne.

Mon objectif (cochez ce qui convient) :

- ☐ 1 acte de générosité quotidien
- ☐ 5 actes de générosité quotidiens
- ☐ 10 actes de générosité quotidiens
- ________ actes de générosité quotidiens

Vous pouvez mettre la priorité sur certaines catégories en particulier, à l'aide du tableau suivant :

Actes / Destinataires	**Personnes familières**	**Inconnus**
Prémédités (déterminés à l'avance)	exemple : ➜ adresser la parole à la voisine âgée	exemple : ➜ donner régulièrement son sang
Spontanés (décidés sur le moment)	exemple : ➜ renoncer à une critique	exemples : ➜ céder sa place dans une file d'attente

Ne visez pas trop haut au début. Appliquez-vous à persévérer dans le temps, jusqu'à devenir un véritable champion de la générosité.

Achevé d'imprimer en France en février 2013
par l'imprimerie Hérissey à Évreux (Eure)
Dépôt légal : mars 2013
N° d'impression : 120100

Ce livre est imprimé par Hérissey qui assure une stricte application
des règles concernant le recyclage et le traitement des déchets,
ainsi que la réduction des besoins énergétiques.